LES Cahiers DE LA Luciole

CP
cycle 2

NOUVEAUX PROGRAMMES 2016

Questionner le monde

LE VIVANT

LA MATIÈRE

LES OBJETS

Sous la direction d'Albine Courdent
Maitre de conférences et formatrice en didactique des Sciences de la Vie et de la Terre à l'ESPE Lille Nord de France

Jérôme Blondel
Professeur des écoles
Maitre formateur pour l'Académie de Lille

Anne-Amandine Decroix
Maitre de conférences et formatrice en didactique de la Physique à l'ESPE Lille Nord de France

Et Dominique Dessobry, Abderrahmane Feriati, Laurie Lemiegre

Cette publication est conforme à la nouvelle orthographe
www.orthographe-recommandee.info

Cet ouvrage est rédigé avec l'orthographe recommandée par le ministère de l'Éducation nationale.

Hatier

Présentation des cahiers de la Luciole

Les Cahiers de la Luciole sont organisés selon les thèmes du programme :

- le vivant
- la matière
- les objets techniques

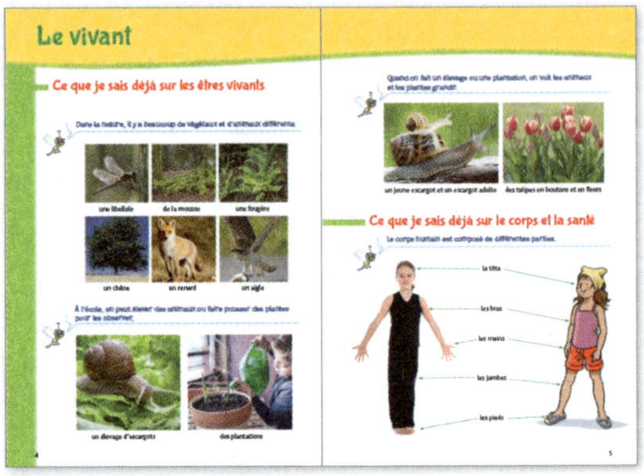

Un thème, c'est :

Une réactivation des connaissances

acquises en maternelle ou dans la vie quotidienne : **Ce que je sais déjà**.

Des chapitres permettant de résoudre un problème scientifique

Je me demande

L'élève observe une situation proche de sa vie quotidienne. Il est amené à formuler des hypothèses ou à exprimer ses conceptions.

Je cherche

Cette partie regroupe des activités organisant les connaissances à acquérir. Pour répondre aux questions, l'élève est invité à mener des expériences simples et pertinentes, à modéliser, et à observer.

J'ai compris que…

En fin de chapitre, la synthèse, à compléter par des étiquettes (à découper pages 61 et 63), favorise l'appropriation des mots-clés.

Aide à la lecture des consignes

- écrire, cocher, relier
- colorier, dessiner
- dire ce que l'on observe, débattre
- expérimenter, manipuler

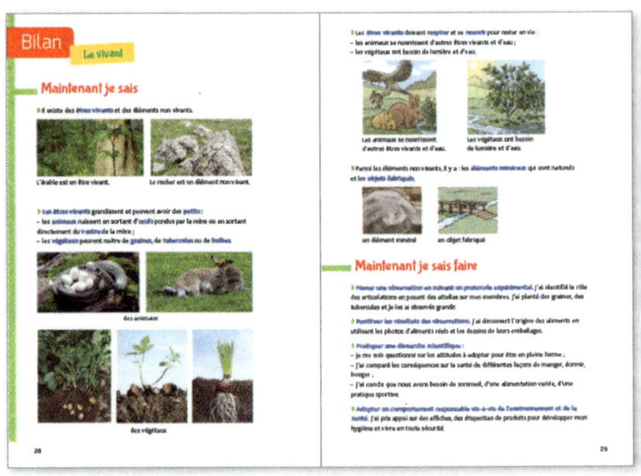

Un bilan des connaissances et compétences

utilisable comme support de révision.

À télécharger gratuitement sur www.editions-hatier.fr : des supports d'activité, le guide de l'enseignant, avec des synthèses rédigées ou à compléter, utilisables en fonction de l'autonomie des élèves.

Sommaire

Comment reconnaitre le monde vivant ?

Qu'est-ce que la matière ?

Les objets techniques, qu'est-ce que c'est ?

ISBN : 978-2-218-99898-0

Le vivant

Ce que je sais déjà sur les êtres vivants

Dans la nature, il y a beaucoup de végétaux et d'animaux différents.

une libellule

de la mousse

une fougère

un cerisier

un renard

un aigle

À l'école, on peut élever des animaux ou faire pousser des plantes pour les observer.

un élevage d'escargots

des plantations

Quand on fait un élevage ou une plantation, on voit les animaux et les plantes grandir.

un jeune escargot et un escargot adulte

des tulipes en boutons et en fleurs

Ce que je sais déjà sur le corps et la santé

Le corps humain est composé de différentes parties.

1 Qu'est-ce qu'un être vivant ?

Je me demande

1 Sur le **DOC. 1**, entoure en vert ce qui peut grandir.

- Entoure en bleu ce qui peut avoir des petits.
- Que remarques-tu ?

DOC. 1 Est-ce un être vivant ?

un érable

un arrosoir

un oiseau

un rocher

un chêne

des chevaux

Je cherche

2 Recopie les noms du **DOC. 1** dans la colonne qui convient.

Peut grandir et avoir des petits (c'est un être vivant)	Ne peut ni grandir ni avoir des petits (c'est une chose non vivante)

3 Observe bien les images du **DOC. 2**.

DOC. 2 Les besoins des êtres vivants

un singe

un phoque

des tomates

Coche les propositions correctes.

Pour rester en vie, ces êtres vivants ont besoin
- ☐ de nourriture.
- ☐ de respirer.
- ☐ d'un arrosoir.
- ☐ d'un pot.
- ☐ d'eau.

J'ai compris que…

Les **êtres vivants** grandissent et peuvent avoir des .... Pour rester vivants, ils ont besoin de .... , d' .... , et de ....

2 Quelles sont les différences entre un animal et un végétal ?

Je me demande

1 Sur le **DOC. 1**, écris au crayon à papier :

- **V** pour ce qui, selon toi, est un végétal ;
- **A** pour ce qui, selon toi, est un animal.

DOC. 1 La vie autour d'un ruisseau

2 Explique comment tu reconnais un animal et un végétal.

Je cherche

3 Observe le **DOC. 2**. De quoi une plante a-t-elle besoin pour vivre ?

____

____

____

____

- Les végétaux se nourrissent-ils d'autres êtres vivants pour vivre ?

☐ oui ☐ non

DOC. 2 Des végétaux dans la nature

4 Observe le **DOC. 3**.

- Que mange le lapin ?

☐ de l'herbe ☐ un aigle ☐ des fruits

- Que mange l'aigle ?

☐ de l'herbe ☐ un lapin ☐ des fruits

- Les animaux peuvent-ils vivre sans manger d'autres êtres vivants ?

☐ oui ☐ non

DOC. 3 Des animaux qui se nourrissent

J'ai compris que…

Ce qui fait la différence entre les **animaux** et les **végétaux**, c'est leur manière de .... : pour vivre et grandir, les .... doivent se nourrir d'autres êtres vivants ; les .... n'ont besoin que de **lumière** et d'**eau**.

3 Qu'est-ce qui est construit par un être vivant ?

Je me demande

1 Coche au crayon à papier ce qui, selon toi, a été construit par un être vivant dans le **DOC. 1**.

- ☐ la neige
- ☐ le nid
- ☐ la hutte
- ☐ le terrier
- ☐ un rocher
- ☐ le refuge
- ☐ le pont
- ☐ l'eau de la rivière

DOC. 1 Un paysage de montagne

Je cherche

2 Colorie en bleu les cases des choses non vivantes.

- Coche les cases quand ces choses non vivantes n'ont pas été fabriquées.

Les choses non vivantes et naturelles appartiennent au **monde minéral**.

3 Comment reconnais-tu les objets fabriqués ? Entoure la bonne réponse.

- Toutes les choses non vivantes sont des objets fabriqués. VRAI FAUX
- Les objets fabriqués sont faits de matériaux déplacés, assemblés ou transformés. VRAI FAUX
- Les objets fabriqués sont utiles pour ceux qui les ont construits. VRAI FAUX

J'ai compris que...

Dans la nature, les éléments .... et **non transformés**, comme l'eau ou les rochers, appartiennent au monde .... Les êtres vivants peuvent les transformer pour .... des **objets**.

4 Comment naissent les animaux ?

Je me demande

1 À ton avis, comment sont nés ces animaux **(DOC. 1)** ?

DOC. 1 Des animaux et leurs petits

des moutons

des poissons

des tortues

des rhinocéros

des poules

des phoques

Je cherche

2 Relie les animaux à leurs petits.

3 Entoure les photos de l'activité 2 :

– en rouge, les petits qui sortent du ventre de leur mère ;

– en vert, les petits qui sortent d'un œuf pondu par leur mère.

J'ai compris que…

Les **animaux** peuvent ________ de différentes façons :

– en sortant directement du ________ de leur mère, comme l'âne ;

– en sortant d'un ________ pondu par leur mère, comme l'escargot.

5 Comment naissent les végétaux ?

Je me demande

1 À ton avis, d'où viennent ces plantes ?

un plant de pomme de terre

un plant de haricot

un marronnier

une jacinthe

Je cherche

2 Avec ton professeur, plante une graine, un bulbe ou un tubercule dans la terre.

des graines

des bulbes

des tubercules

- Dans ton cahier de chercheur, dessine ce que tu observes au début de l'expérience puis deux fois par semaine.

3 Relie chaque plante à sa forme d'origine.

J'ai compris que…

Les **plantes** peuvent naitre de différentes façons. Certaines sortent d'une ……………, d'autres d'un …………… ou d'un …………….

6 Comment vivent les animaux de la forêt ?

Je me demande

1 Écris A en noir sous deux animaux du **DOC. 1** et V sous deux végétaux.

- Fais une croix sur deux choses qui font partie du monde minéral.

DOC. 1 Dans la forêt

Je cherche

2 Dans le **DOC. 2** de la page 17, souligne :

– en rouge les noms des animaux qui se nourrissent d'autres animaux ;

– en vert les noms des animaux qui se nourrissent de végétaux (plantes, graines, herbes, fruits...).

DOC. 2 Des animaux de la forêt

une chouette

un mulot

un hanneton

un renard

un merle

un lapin

3 Lis le **DOC. 3** puis recopie sous chaque animal du **DOC. 2** le nom de son régime alimentaire.

DOC. 3 Le régime alimentaire des animaux

Tous les animaux n'ont pas le même régime alimentaire.
Les animaux qui se nourrissent d'autres animaux sont **carnivores**.
Les animaux qui se nourrissent de végétaux sont **végétariens**.
Les deux sont parfois possibles : ces animaux sont **omnivores**.

4 Les animaux et les végétaux utilisent-ils les éléments minéraux ? Pour quoi faire ?

J'ai compris que...

La forêt abrite une grande variété d'.................. (animaux et végétaux) et des **éléments minéraux**. Certains animaux sont .... (ils mangent des **végétaux**), d'autres sont .... (ils mangent d'autres **animaux**), d'autres encore sont .... (ils mangent de **tout**). Les êtres vivants utilisent les .... pour boire ou s'abriter par exemple.

7 Qu'est-ce qui permet le mouvement ?

Je me demande

1 Observe le **DOC. 1**.

- Imite la position de cette enfant.
- Entoure les parties du corps qui se plient et relie-les à leurs noms.

DOC. 1 Une enfant en mouvement

épaule

coude

poignet

hanche

genou

cheville

Je cherche

2 Relie chaque dessin au mouvement que le sportif ne peut plus faire.
Tu peux vérifier en te faisant poser une attelle comme sur les dessins.

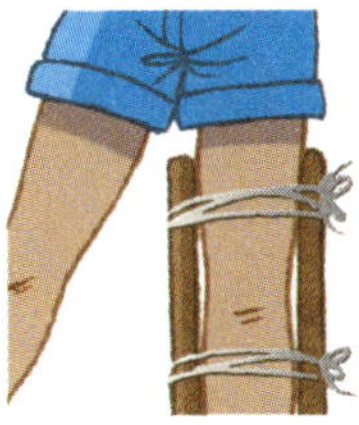
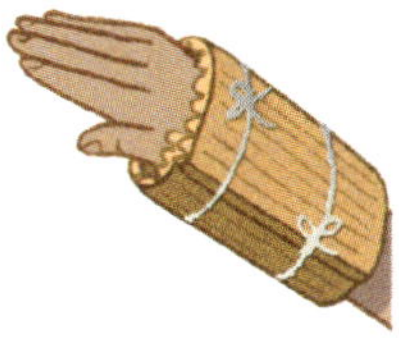
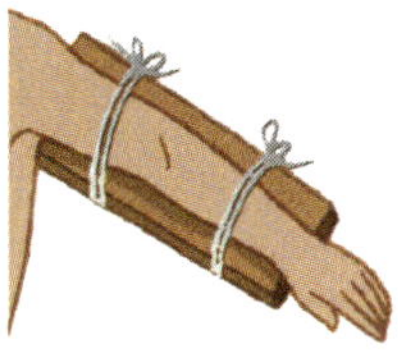

■ Pourquoi ces mouvements deviennent-ils impossibles avec une attelle ?

____

____

Les endroits du corps qui se plient et permettent un mouvement s'appellent les **articulations**.

3 Observe le **DOC. 2**.
Colorie la bonne réponse :

– Je gonfle quand l'articulation se plie.
Je suis… | un os | un muscle |

– Je ne me déforme pas.
Je suis… | un os | un muscle |

DOC. 2 Le coude

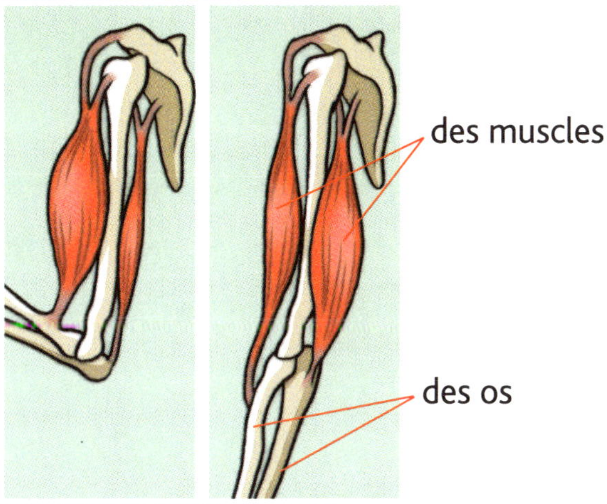

J'ai compris que…

Les mouvements du corps sont possibles grâce aux **articulations**, aux .... et aux **muscles**. Les .... permettent aux **os** de changer de position autour des ....

8 D'où viennent les aliments?

Je me demande

1 Relie chaque dessin d'aliment à la photo qui montre d'où il provient.

Je cherche

2 Retrouve l'origine des aliments, puis classe-les en deux groupes.

du poisson

du lait

de la salade de fruits

du riz

des bonbons

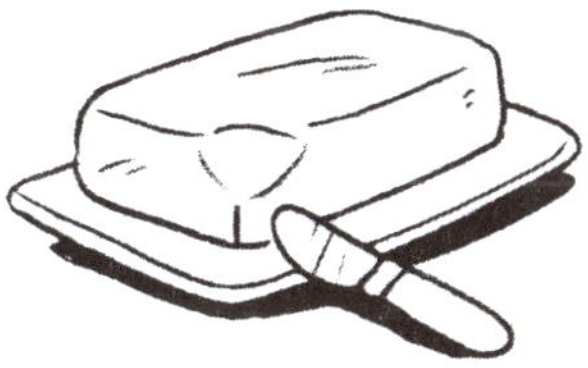

du beurre

Origine des aliments

3 Complète les phrases puis colorie les aliments :

– Je colorie en vert les aliments qui proviennent des ______________________.

– Je colorie en bleu les aliments qui proviennent des ______________________.

J'ai compris que...

Les aliments proviennent soit d' ____________, soit de ____________.

Je me demande

1 Compare la journée de Sofia et celle d'Anna (**DOC. 1**).

DOC. 1 La journée de Sofia et celle d'Anna

Sofia		Anna

	8 heures	
	10 heures	
	12 heures	
	17 heures	
	19 heures	
	21 heures	

Je cherche

2 Regarde le **DOC. 1** de la page 22. Colorie ces étiquettes en jaune si elles concernent Sofia et en violet si elles concernent Anna :

Elle a une alimentation équilibrée.	Elle mange beaucoup de produits gras et sucrés.
Elle est souvent assise.	Elle ne dort pas assez, elle est fatiguée.
Elle est en forme.	Elle dort suffisamment.
Elle ne se sent pas bien.	Elle bouge beaucoup pendant la journée.

À ton avis, quelle enfant a un comportement qui lui permet d'être en bonne santé ? ______________________

3 Entoure en vert les comportements qui sont bons pour la santé.

J'ai compris que…

Pour **être en bonne santé**, je dois :

– .... correctement (ni trop **gras**, ni trop **sucré**) ;

– .... dans la journée (marcher, courir, faire du vélo…) ;

– .... suffisamment.

10 Quels gestes pour rester propre et en bonne santé?

Je me demande

1 Qu'utilise cet enfant pour se laver les mains (**DOC. 1**) ? À ton avis, pourquoi ?

DOC. 1 Un enfant se lavant les mains

Je cherche

2 Lis le **DOC. 2** avec l'aide de ton professeur et réponds aux questions.

DOC. 2 Les gestes qui protègent

- Où était la petite fille avant de se laver les mains ?
  - ☐ dans la classe
  - ☐ aux toilettes
  - ☐ dans la salle de bain

- À quels autres moments est-il important de se laver les mains ?
  - ☐ avant de faire du sport
  - ☐ avant de manger
  - ☐ avant de soigner une blessure

- Complète cette phrase :

Il est important de se laver les mains pour éliminer tous les ______________________ .

3 Colorie les phrases qui te semblent vraies.

On se lave pour sentir bon.	On doit se brosser les dents quand on y pense.
On doit se laver une fois par semaine.	On doit se brosser les dents après chaque repas avec du dentifrice.
On doit se laver tous les jours.	On se brosse les dents pour avoir une bonne haleine.
On se lave pour éviter les maladies.	On se brosse les dents pour éviter les caries.

L'ensemble des gestes qui permettent de rester propre s'appelle **l'hygiène**.

4 Numérote les images pour les mettre dans le bon ordre.

J'ai compris que...

Pour rester .... et en **bonne santé**, je dois :

– **me laver** régulièrement le corps et les mains avec du .... ;

– **me brosser** les .... après chaque repas avec du **dentifrice**.

Cela s'appelle l'........ .

11 Quelles règles de sécurité faut-il respecter à la maison ?

Je me demande

1 Que risque-t-il de se passer si Elsa continue de s'approcher (DOC. 1) ?

Quels sont les autres dangers à la maison ?

DOC. 1 Que va-t-il se passer ?

Je cherche

2 Entoure sur le **DOC. 2** les situations dangereuses.

DOC. 2 Des situations dangereuses ?

3 Relie chaque image à la bonne étiquette. Complète la phrase qui commence par « Ne pas». Tu peux t'aider des mots :

toucher | grimper | prendre en main | poser les doigts | s'approcher seul

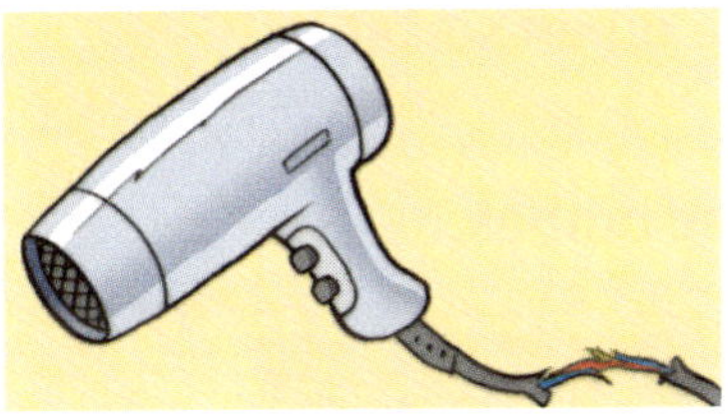

Les objets très chauds peuvent bruler.
Ne pas ____________________

Ces produits sont très dangereux.
Ne pas ____________________

En tombant dedans, tu pourrais te noyer.
Ne pas ____________________

L'électricité dans les fils abimés et les prises peut bruler le corps.
Ne pas ____________________

En tombant, tu risques de te blesser.
Ne pas ____________________

J'ai compris que…

Pour ma [........], je dois respecter des **règles** :

– je ne touche pas les objets **chauds** ;

– je ne joue pas avec l'**électricité** ;

– je ne touche pas les bouteilles des **produits** que je ne connais pas ;

– je ne [........] pas sur les chaises ou tabourets ;

– je demande à un adulte de m'accompagner quand je suis près de l'[........].

Bilan

Le vivant

Maintenant je sais

- Il existe des **êtres vivants** et des éléments non vivants.

L'érable est un être vivant.

Le rocher est un élément non vivant.

- **Les êtres vivants** grandissent et peuvent avoir des **petits** :
– les **animaux** naissent en sortant d'**œufs** pondus par la mère ou en sortant directement du **ventre** de la mère ;
– les **végétaux** peuvent naitre de **graines**, de **tubercules** ou de **bulbes**.

des animaux

des végétaux

- Les **êtres vivants** doivent **respirer** et se **nourrir** pour rester en vie :
– les animaux se nourrissent d'autres êtres vivants et d'eau ;
– les végétaux ont besoin de lumière et d'eau.

Les animaux se nourrissent d'autres êtres vivants et d'eau.

Les végétaux ont besoin de lumière et d'eau.

- Parmi les éléments non vivants, il y a : les **éléments minéraux** qui sont naturels et les **objets fabriqués**.

un élément minéral

un objet fabriqué

Maintenant je sais faire

- **Mener une observation en suivant un protocole expérimental.** J'ai identifié le rôle des articulations en posant des attelles sur mes membres. J'ai planté des graines, des tubercules et je les ai observés grandir.

- **Restituer les résultats des observations.** J'ai découvert l'origine des aliments en utilisant les photos d'aliments réels et les dessins de leurs emballages.

- **Pratiquer une démarche scientifique :**
– je me suis questionné sur les attitudes à adopter pour être en pleine forme ;
– j'ai comparé les conséquences sur la santé de différentes façons de manger, dormir, bouger ;
– j'ai conclu que nous avons besoin de sommeil, d'une alimentation variée, d'une pratique sportive.

- **Adopter un comportement responsable vis-à-vis de l'environnement et de la santé.** J'ai pris appui sur des affiches, des étiquettes de produits pour développer mon hygiène et vivre en toute sécurité.

La matière

Ce que je sais déjà

Souvent l'hiver, il fait froid. On met un gros manteau, des gants, une écharpe, un bonnet.
Parfois, il neige ou il y a des plaques de glace sur lesquelles on peut glisser !
Pour se réchauffer, on peut boire une boisson chaude.

L'été, il fait moins froid. On s'habille en short et teeshirt.
Pour se rafraichir, on se baigne à la piscine, dans la mer ou dans un lac.
On peut aussi manger une glace !

12 Qu'est-ce qu'un liquide ? Qu'est-ce qu'un solide ?

Je me demande

1 Nomme ce que tu vois sur le **DOC. 1**.

DOC. 1 Des solides et des liquides

Je cherche

2 Réalise l'expérience du **DOC. 2**. Tu peux continuer avec d'autres matières et dessiner ce que tu obtiens dans ton cahier de chercheur.

DOC. 2 Une expérience avec différentes matières

■ Coche les cases qui conviennent. Pour t'aider, une réponse est déjà donnée.

	Ce qui se passe	Ce que je comprends
L'huile	☐ Prend la forme du saladier. ☐ Ne prend pas la forme du saladier : elle forme un tas.	L'huile est ☐ un solide. ☐ un liquide.
Le sable	☐ Prend la forme du saladier. ☐ Ne prend pas la forme du saladier : il forme un tas.	Le sable est ☒ un solide. ☐ un liquide.
Les cailloux	☐ Prennent la forme du saladier. ☐ Ne prennent pas la forme du saladier : ils forment un tas.	Le caillou est ☐ un solide. ☐ un liquide.

3 Fais la même expérience avec d'autres matières.

■ Dessine ce que tu obtiens sur ton cahier de chercheur. Indique si ce sont des solides ou des liquides.

4 Prépare le matériel du **DOC. 3**. Penche les verres : dessine ce que tu obtiens et écris ce que tu remarques.

DOC. 3 Un verre d'eau et un verre de lait

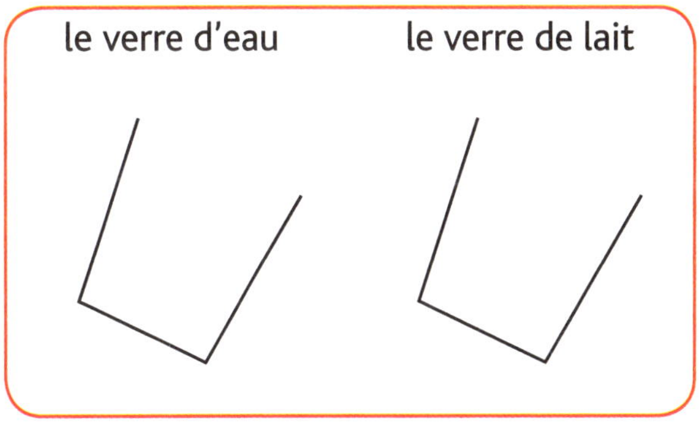

On dit que la surface d'un liquide au repos est **horizontale**.

J'ai compris que…

Les **solides** et les **liquides** sont différents.

Le solide a une .... qui lui est propre. Il forme un .... quand on le verse. Le .... prend la forme du récipient qui le contient. Sa surface au repos est plane et ....

13 Sous quelle forme trouve-t-on l'eau dans la nature ?

Je me demande

1 Décris ce que tu vois sur ces dessins (DOC. 1 et 2).

DOC. 1 La montagne un jour d'été

DOC. 2 La montagne un jour d'hiver

2 Complète cette phrase :

Dans la nature, on trouve de l'eau à l'état ____________________

et de l'eau à l'état ____________________ .

Je cherche

3 Colorie ce qui convient.

C'est l'été, la température est basse. / élevée. L'eau est à l'état solide. / liquide.

C'est l'hiver, la température est basse. / élevée. L'eau est à l'état solide. / liquide.

4 Pour chaque dessin, coche la case qui convient et complète comme dans l'exemple.

 la cascade	☐ Ce n'est pas de l'eau.	☒ C'est de l'eau. Elle est à l'état liquide.
 un sapin	☐ Ce n'est pas de l'eau.	☐ C'est de l'eau. Elle est à l'état ______.
 la rivière	☐ Ce n'est pas de l'eau.	☐ C'est de l'eau. Elle est à l'état ______.
 la glace	☐ Ce n'est pas de l'eau.	☐ C'est de l'eau. Elle est à l'état ______.
 la fleur	☐ Ce n'est pas de l'eau.	☐ C'est de l'eau. Elle est à l'état ______.
 la neige	☐ Ce n'est pas de l'eau.	☐ C'est de l'eau. Elle est à l'état ______.

J'ai compris que…

Dans la nature, il y a de l'eau à l'**état solide** et de l'eau à l'**état liquide**. Quand la température est **basse**, l'eau est à l'état ______ (la neige, la glace…). Quand la température est **plus élevée**, l'eau est à l'état ______ (pluie, rivière, cascade…).

14 Quand la glace fond-elle ? Quand la glace se forme-t-elle ?

Je me demande

1 Observe le **DOC. 1**.
Que fait le glaçon ?

- À ton avis, comment a-t-on obtenu ce glaçon ?

DOC. 1 Un glaçon posé dans un plat

Je cherche

2 Place un glaçon dans une assiette et dessine ce que tu vois comme dans l'exemple.

Au départ | Au bout de 10 minutes | Au bout de 30 minutes

Au bout de 1 heure | Au bout de 2 heures

- Qu'est devenu le glaçon à la fin de ton expérience ?

- Coche la bonne réponse.

Au départ, le glaçon est ☐ un solide. ☐ un liquide.

Au bout de 2 heures, on a ☐ un solide. ☐ un liquide.

Le passage de l'état solide à l'état liquide s'appelle la **fusion**.

3 Comment faire des glaçons ? Fais une croix sous l'expérience que tu vas réaliser.

☐ Expérience A

☐ Expérience B

☐ Expérience C

■ Coche en fonction de ce que tu as observé au cours de l'expérience.

Au début de l'expérience,
l'eau était à l'état ☐ solide.
☐ liquide.

À la fin de l'expérience,
l'eau est à l'état ☐ solide.
☐ liquide.

4 Yacine a réalisé l'expérience C.
Le **DOC. 2** montre ce qu'il a obtenu.

DOC. 2 Ce que Yacine a obtenu

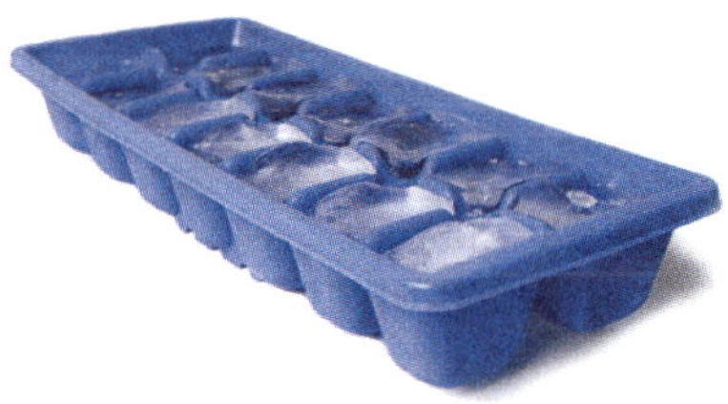

■ À ton avis, que s'est-il passé dans le congélateur ?

____

____

Le passage de l'état liquide à l'état solide s'appelle la **solidification**.

J'ai compris que...

Un glaçon, c'est de l'eau à l'état [ ].

L'eau peut passer de l'**état solide** à l'état [ ]. C'est la [ ].

L'eau peut aussi passer de l'**état liquide** à l'**état solide**. C'est la [ ].

Bilan

La matière

Maintenant je sais

- Certaines matières, comme l'eau, existent à l'**état solide** et à l'**état liquide**.

de l'eau solide

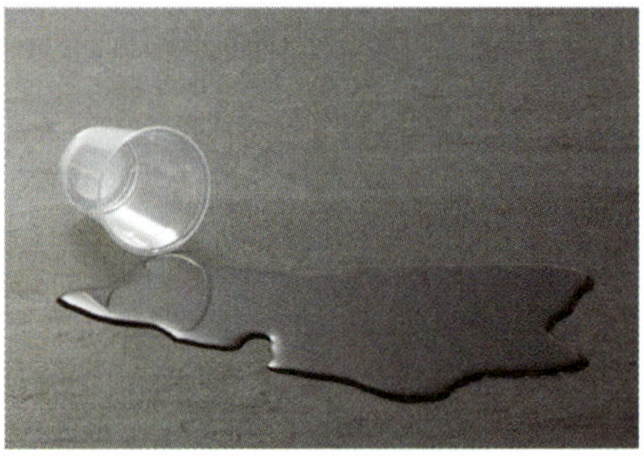

de l'eau liquide

- Un **solide** a une **forme qui lui est propre**.

- Un **liquide** (comme l'eau liquide ou le lait) prend la **forme du récipient qui le contient**. Sa surface au repos est **horizontale**.

- L'eau peut passer de l'état solide à l'état liquide, c'est la **fusion**.

- L'eau peut passer de l'état liquide à l'état solide, c'est la **solidification**.

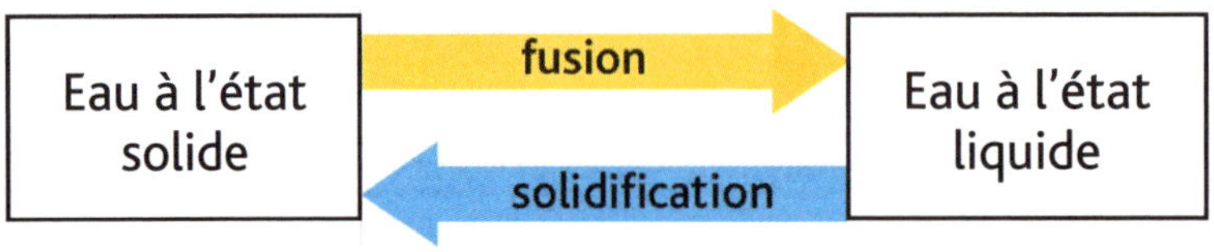

Dans la nature, on trouve de **l'eau à l'état liquide**.

On trouve aussi de **l'eau à l'état solide**.

Maintenant je sais faire

S'approprier des outils et des méthodes. J'ai utilisé le matériel proposé pour réaliser les expériences sur les solides et les liquides.

Pratiquer une démarche scientifique. Avec l'aide du professeur, j'ai observé, je me suis questionné-e, j'ai expérimenté et compris comment distinguer les solides et les liquides.

Mener une observation en suivant un protocole expérimental afin de montrer que l'eau peut passer :
– de l'état solide (la glace) à l'état liquide ;
– et de l'état liquide à l'état solide.

Restituer les résultats des observations. J'ai observé l'eau et compris que la surface au repos de l'eau à l'état liquide est toujours plane et horizontale.

Les objets techniques

Ce que je sais déjà sur les objets

On utilise des objets tous les jours pour faire différentes **actions**. Mais certains objets sont **dangereux** (on peut se couper avec des ciseaux par exemple).

les ciseaux pour découper

le stylo pour écrire

On peut **assembler** les pièces de certains jeux **pour construire** des objets.

une maquette de maison

D'autres jouets font de la **lumière** ou des **sons**.

une veilleuse

Ce que je sais déjà sur l'ordinateur

À la maison ou à l'école, on utilise l'ordinateur ou la tablette quand on fait des recherches.

15 Fabriquons un moulin à eau

Dans la fiche 13, cherche le dessin du moulin à eau : tu sauras ainsi à quoi il ressemble dans la réalité.

Matériel

- une boite ronde avec son couvercle
- une pique à brochette
- huit cuillères en plastique dont on ne conservera que l'extrémité
- deux grandes bouteilles et leurs bouchons
- du ruban adhésif
- un entonnoir
- deux gabarits téléchargeables
- un feutre

Je prépare la roue

a. Scotche les deux parties de la boite avec du ruban adhésif.

b. Pose le gabarit de ce cercle sur une face et marque le centre par un point. Fais la même chose sur l'autre face.

c. Avec le second gabarit, marque huit points autour de la boite. Ton professeur y percera les trous.

d. Place les cuillères dans les trous. Ton professeur pourra les fixer avec un pistolet à colle par exemple.

d. Glisse la pique à brochette à travers les trous des faces de la boite.

Je réalise le support

a. Choisis un point de repère (une ligne, un creux) à mi-hauteur d'une bouteille d'eau. Marque-le à l'aide d'un feutre.

b. Fais la même chose sur l'autre bouteille : les deux marques doivent bien être à la même hauteur. Ton professeur percera les trous.

c. Verse de l'eau ou du sable dans le fond des bouteilles avec un entonnoir pour les rendre plus lourdes. Attention de ne pas dépasser les trous faits à mi-hauteur !

d. Glisse une extrémité de la pique à brochette dans chaque bouteille : ton moulin à eau est terminé ! Tu peux faire couler de l'eau verticalement (dans un évier par exemple) pour le faire tourner.

16 Tous les objets fonctionnent-ils de la même manière ?

Je me demande

1 Nomme les objets du **DOC. 1** avec ton professeur et tes camarades et discute de chacun d'eux : fonctionnent-ils tous de la même manière ?

- Observe les deux pianos : que remarques-tu ?

DOC. 1 Différents objets

Je cherche

2 Colle les étiquettes des objets (à découper page 61) dans la bonne colonne du tableau. Tu peux en dessiner d'autres.

Catégorie 1 : Les objets qui fonctionnent comme 	Catégorie 2 : Les objets qui fonctionnent comme  ou 

▬ Relie chaque catégorie à son titre.

Catégorie 1 ● ● Les objets électriques

Catégorie 2 ● ● Les objets mécaniques

Les objets qui fonctionnent sans électricité sont des **objets mécaniques**.

J'ai compris que…

Certains objets fonctionnent **sans électricité** : ce sont des objets ....

D'autres fonctionnent **à l'électricité** : ce sont des objets ....

17 Comment les objets électriques fonctionnent-ils ?

Je me demande

1 Les objets du **DOC. 1** fonctionnent-ils tous de la même manière ? Discutes-en avec ton professeur et tes camarades.

- Observe les deux réveils : que remarques-tu ?

DOC. 1 Différents objets électriques

Je cherche

2 Observe le **DOC. 2**. Coche la bonne case.

DOC. 2 Deux lampes

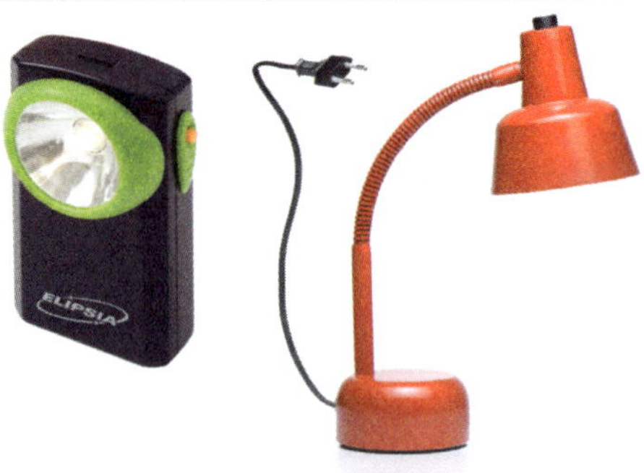

Pour que la lampe de poche fonctionne, il faut :

☐ mettre une pile.

☐ la brancher sur une prise électrique.

Pour que la lampe de chevet fonctionne, il faut :

☐ mettre une pile.

☐ la brancher sur une prise électrique.

Certains objets électriques doivent être branchés sur le **secteur** pour fonctionner. D'autres fonctionnent avec des **piles**.

3 Observe le **DOC. 3.**

DOC. 3 Différentes sortes de piles

■ Dessine les signes qu'on retrouve sur toutes les piles.

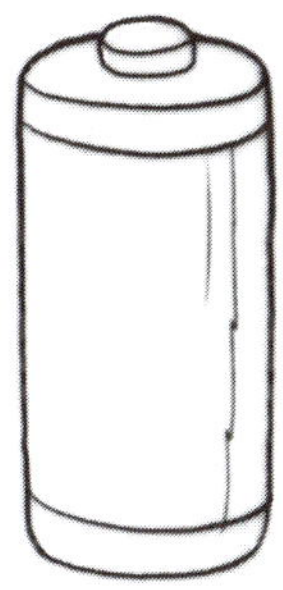

Toutes les piles ont deux **bornes** : il y a la borne + et la borne –.

J'ai compris que…

Certains **objets électriques** doivent être branchés sur le **secteur** pour fonctionner.

D'autres fonctionnent avec des ....

Les **piles** peuvent avoir des formes différentes, mais toutes ont une .... **+** et une **borne** – .

18 Comment fonctionne une lampe de poche ?

Je me demande

1 Entoure le ou les objets qui peuvent, à ton avis, se trouver dans la lampe de poche (**DOC. 1**).

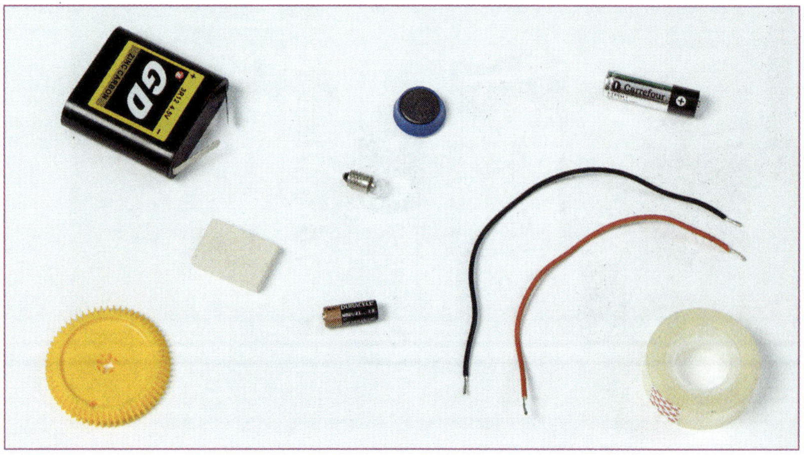

DOC. 1 Une lampe de poche

Je cherche

2 Quels sont les éléments indispensables pour que la lampe de poche fonctionne ? Fais ces deux expériences.

Expérience 1 On retire la pile

Expérience 2 On dévisse la lampe

■ Coche en fonction de ce que tu observes.

Dans l'expérience 1 :

☐ la lampe de poche reste allumée.
☐ la lampe de poche est éteinte.

Dans l'expérience 2 :

☐ la lampe de poche reste allumée.
☐ la lampe de poche est éteinte.

3 Louise a éteint sa lampe de poche sans l'ouvrir. À ton avis, comment a-t-elle fait ?

____

____

DOC. 2 La lampe éteinte

Le mot juste

Pour allumer ou éteindre une lampe, on dit souvent qu'on appuie sur le « bouton ». Le terme correct est interrupteur.

4 La lampe de poche de Louise ne s'allume plus, même quand elle change la position de l'interrupteur.

- Entoure le nom des éléments qui peuvent ne plus fonctionner.
- Louise a changé la lampe, mais cela ne fonctionne toujours pas. Que doit-elle remplacer ?

____

____

____

____

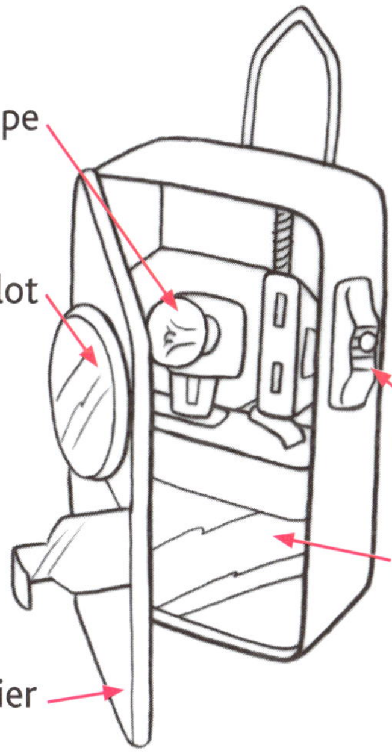

J'ai compris que...

Dans une lampe de poche, il y a une ...., une **pile** et un **interrupteur**.

L' .... a **deux positions différentes** : l'une pour éteindre, l'autre pour allumer la lampe.

Si la lampe ne fonctionne plus, il faut changer la .... ou la **lampe**.

19 Comment allumer une lampe avec une pile ?

Je me demande

1 Entoure le ou les objets du **DOC. 1** dont tu as besoin pour qu'une lampe s'allume.

DOC. 1 Quel(s) objet(s) pour allumer la lampe ?

Je cherche

2 Comment dois-tu placer la lampe sur la pile pour qu'elle s'allume ?
Dessine ton montage.

Des exemples
pour dessiner le montage :

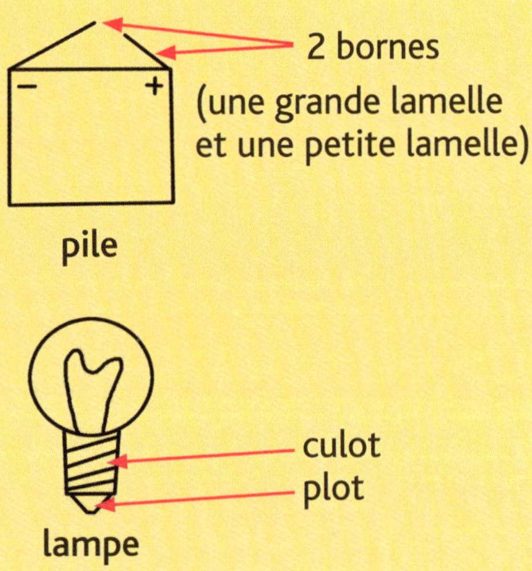

3 Fais ces quatre expériences. Colorie la lampe en jaune quand elle s'allume.

■ Pour chaque dessin, écris avec quoi les lamelles sont en contact :

le plot de la lampe – le culot de la lampe – rien.

La petite lamelle est en contact avec :

____

La grande lamelle est en contact avec :

____

La petite lamelle est en contact avec :

____

La grande lamelle est en contact avec :

____

La petite lamelle est en contact avec :

____

La grande lamelle est en contact avec :

____

La petite lamelle est en contact avec :

____

La grande lamelle est en contact avec :

____

J'ai compris que...

Pour que la lampe **s'allume**, il faut poser le .... de la lampe sur une **borne** de la pile et le .... de la lampe sur l'autre **borne**.

20 Quels sont les dangers de l'électricité pour le corps ?

Je me demande

1 Barre sur le **DOC. 1** ce qu'il est dangereux de faire selon toi.

DOC. 1 Les dangers électriques dans la salle de bain

Je cherche

2 Observe chaque image et choisis la bonne réponse parmi les étiquettes à découper page 61.

■ Cette situation est dangereuse pour moi parce que : ....

Cette situation est dangereuse pour moi parce que : ....

Cette situation est dangereuse pour moi parce que : ....

Quels sont les risques dans ces situations ? Colorie la bonne réponse.

On peut se mouiller.

On peut se bruler gravement et même mourir.

L'**électrisation** par le courant du secteur peut entrainer de graves brulures ou la mort (on parle alors d'**électrocution**).

J'ai compris que...

Je ne dois toucher ni aux fils électriques et ni aux prises de courant,

car l'**électricité** à la maison est très dangereuse.

Je peux me **blesser** et même m' ....

21 À quoi servent les différents éléments d'un ordinateur ?

Je me demande

1 Selon toi, à quoi peut servir un ordinateur ?

DOC. 1 Des exemples d'utilisation d'un ordinateur

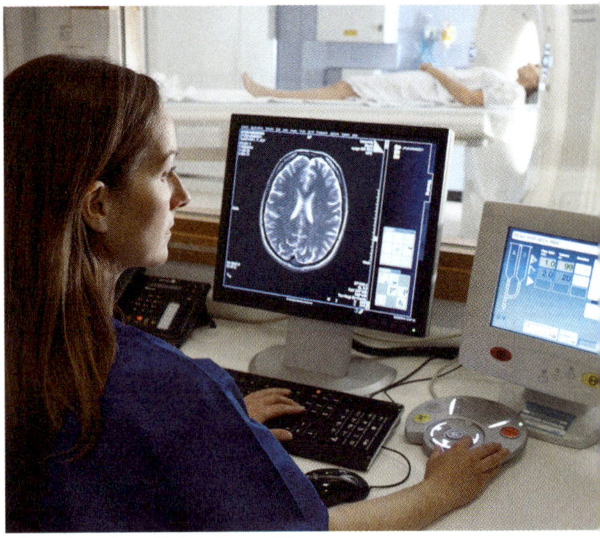

Je cherche

2 Relie chaque élément du **DOC. 2** à l'étiquette expliquant sa fonction.

DOC. 2 Les différents éléments d'un ordinateur

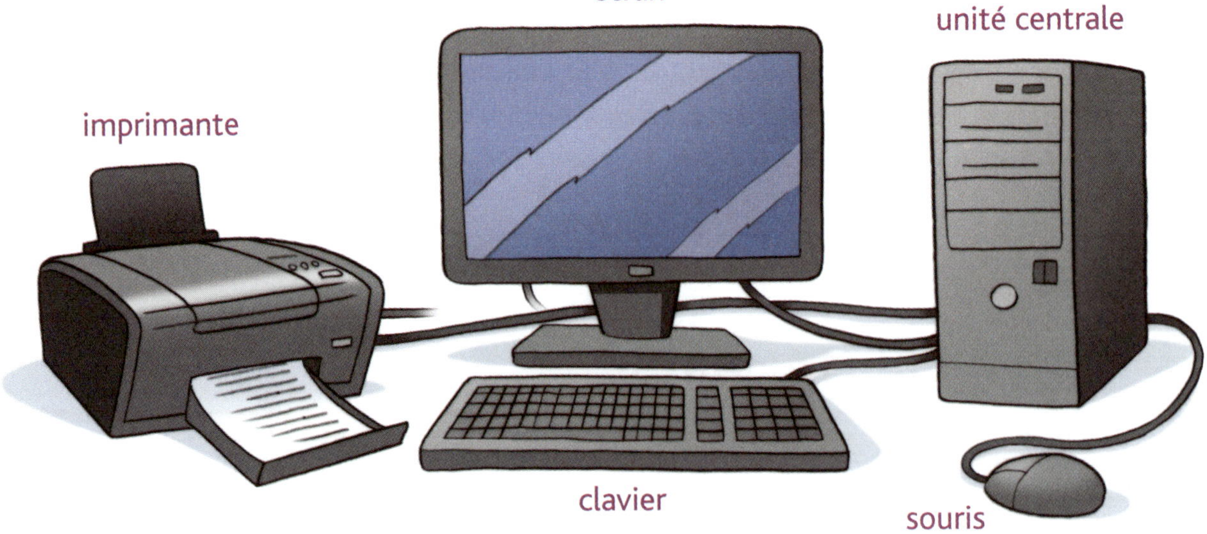

Pour voir ce que l'on fait	Pour écrire	Pour imprimer	Pour allumer l'ordinateur	Pour déplacer le pointeur

3 Utilise les mots du **DOC. 2** pour compléter les légendes du **DOC. 3**.

Note le mot que tu n'as pas pu placer :

DOC. 3 Un ordinateur portable

L'unité centrale d'un ordinateur portable n'est pas visible : elle est sous le clavier.

4 Avec ton enseignant, observe l'arrière d'un ordinateur et relie les éléments du dessin en utilisant une couleur par fil.

Les liens entre les éléments d'un ordinateur s'appellent des **connexions**.
Certains éléments peuvent être reliés par des ondes à la place des fils.
On dit qu'ils sont connectés en **wifi**.

J'ai compris que...

Un ordinateur est composé de différents éléments. L'unité centrale sert à .... l'ordinateur. L' .... permet de voir ce que l'on fait et le .... d'écrire. On peut déplacer le pointeur grâce à la .... et imprimer avec une ....

22 J'écris un texte sur l'ordinateur

J'utilise un logiciel de traitement de texte

- Quand tu veux écrire un texte sur un ordinateur, tu utilises un logiciel de traitement de texte.

Pour démarrer ce logiciel, effectue un doubleclic avec le bouton gauche de la souris sur l'icône (le symbole) du traitement de texte qui se trouve sur le bureau de l'ordinateur.

Une page blanche s'ouvre sur ton écran, tu peux commencer à rédiger ton texte.

J'écris une lettre majuscule

- Quand tu tapes sur les lettres du clavier, ce sont des lettres **minuscules** qui apparaissent sur l'écran.
- Pour faire une lettre majuscule, tu dois appuyer sur ⇧ et sur la lettre en même temps.

Pour écrire « Alice », tu dois taper sur ces touches :

- Il y a deux touches ⇧ sur le clavier. Colorie-les sur la photo.

- Entraine-toi : écris les prénoms de cinq enfants de ta classe.

Pour aller plus loin

Dans le document téléchargeable CPmajuscules.doc, corrige les oublis de Mila.

Je prépare la première page de mon fichier

- Tu vas utiliser ce que tu as appris pour réaliser la première page de ce cahier.

- Prépare ton travail en complétant ces lignes :

ton nom : ______________________________

ton prénom : ______________________________

ton âge : ______________________________

le nom de ton école : ______________________________

le nom de ton professeur : ______________________________

- Recopie-les dans le document téléchargeable CPfichier.doc et mets une majuscule au mot « questionner ».

- Quand ton travail sera vérifié, tu pourras l'imprimer et le coller sur le verso de la couverture de ce cahier.

Bilan

Les objets techniques

Maintenant je sais

▸ Certains objets fonctionnent sans électricité : ce sont des **objets mécaniques**. D'autres objets fonctionnent avec de **l'électricité**.

L'essoreuse à salade est un objet mécanique.

Le grille-pain est un objet électrique.

▸ Parmi les **objets électriques**, certains nécessitent des **piles** alors que d'autres se branchent sur le **secteur**.

La voiture téléguidée fonctionne avec des piles.

La bouilloire électrique est branchée sur une prise de courant.

▸ L'électricité de la maison est très **dangereuse** : je ne dois toucher ni aux fils électriques ni aux prises de courant, sinon je risque d'être électrisé-e, et même électrocuté-e.

▸ Les objets qui fonctionnent avec des **piles** sont **moins dangereux** : j'ai le droit d'en utiliser certains.

Pour allumer une **lampe** avec une **pile plate**, il faut placer le **plot** de la lampe sur une **borne** de la pile et le **culot** sur l'autre borne.

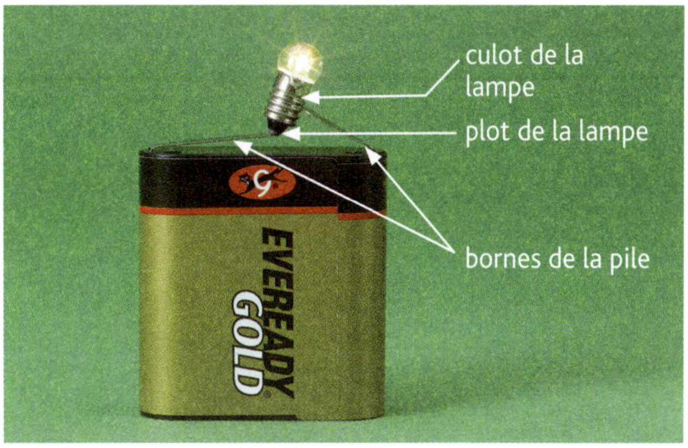

Une lampe de poche fonctionne grâce à trois éléments principaux : la **pile**, la **lampe** et l'**interrupteur**.

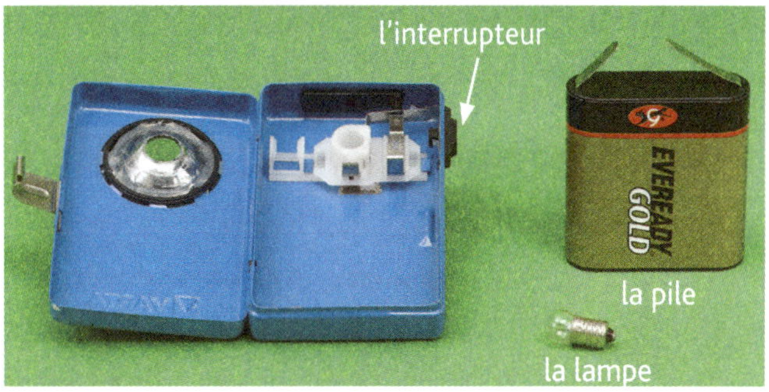

Un ordinateur se compose de différents éléments.

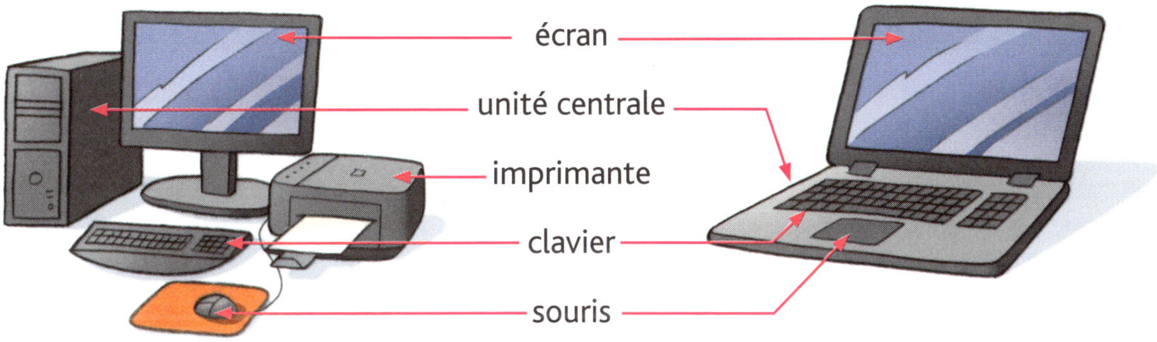

Pour écrire un texte, je peux utiliser un logiciel de traitement de texte.
Pour faire une lettre majuscule, j'appuie sur ⇧ et sur la lettre en même temps.

Maintenant je sais faire

Pratiquer une démarche scientifique. Avec l'aide du professeur, j'ai observé, je me suis questionné-e, j'ai expérimenté et compris comment fonctionnait une lampe de poche. J'ai pratiqué une démarche d'investigation.

Réaliser un objet simple. J'ai fabriqué un moulin à eau à l'aide d'une fiche technique.

S'approprier des outils et des méthodes. J'ai utilisé le matériel proposé pour réaliser un moulin à eau, je l'ai manipulé avec soin.

Pratiquer des langages, mobiliser des outils numériques. À l'aide du traitement de texte, j'ai réalisé la page de présentation de mon fichier.

Adopter un comportement responsable. Je connais les dangers de l'électricité, je sais que je dois être très prudent.

Étiquettes

Les objets techniques

Fiche 21

allumer	écran	clavier	souris
imprimante			

Fiche 20

électrocuter

L'objet se branche sur le secteur.
Le fil électrique est abimé.
L'objet fonctionne avec des piles.
L'objet électrique est près de l'eau.

Fiche 19

plot	culot

Fiche 18

lampe	interrupteur	pile

Fiche 17

piles	borne

Fiche 16

mécaniques	électriques

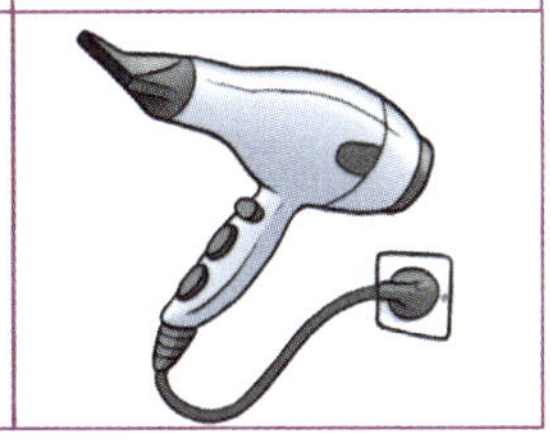

La matière

Fiche 14	solide	liquide	fusion	solidification
Fiche 13	solide	liquide		
Fiche 12	forme	tas	liquide	horizontale

Le vivant

Fiche 11	sécurité	monte	eau	
Fiche 10	propre	savon	dents	hygiène
Fiche 9	manger	bouger	dormir	
Fiche 8	animaux	végétaux		
Fiche 7	os	muscles	articulations	
Fiche 6	êtres vivants	végétariens	carnivores	
	omnivores	éléments minéraux		
Fiche 5	graine	bulbe	tubercule	
Fiche 4	naitre	ventre	œuf	
Fiche 3	non vivants	minéral	fabriquer	
Fiche 2	se nourrir	animaux	végétaux	
Fiche 1	petits	respirer	eau	nourriture

Table des illustrations

3-h	ph © Frédérique Bidault / Biosphoto
3-m	ph © Jrme SALORT / Fotolia
3-b	ph © Frédéric Hanoteau
4-hg	ph © W. Herath / Imagebroke / Biosphoto
4-hm	ph © H. Lenain / Biosphoto
4-hd	ph © Hervé Conge
4-mg	ph © C. Thiriet / Biosphoto
4-mm	ph © Cyril Ruoso / Biosphoto
4-md	ph © Mike Lane / Biosphoto
4-bg	ph © Alexander Raths / iStockphoto
4-bd	ph © Alessandro Di Noia / iStockphoto
5-hg	ph © Frédérique Bidault / Biosphoto
5-hd	ph © Friedrich Strauss / Biosphoto
5-b	ph © Carrie Bottomley / iStockphoto
6-hg	ph © Magnoos / Dreamstime.com
6-hd	ph © Lya-Cattel / iStockphoto
6-mg	ph © Mike Laptev / iStockphoto
6-md	ph © Ilbusca / iStockphoto
6-bg	ph © James L Amos / Gettyimages
6-bd	ph © Gadagj / iStockphoto
7-g	ph © Sylvain Cordier / Biosphoto
7-m	ph © Samuel Blanc / Biosphoto
7-d	ph © Romrodinka / iStockphoto
12-hg	ph © Archives Hatier
12-hd	ph © Piednoir / Aqua Press
12-mg	ph © R. Puillandre / Biosphoto
12-md	ph © Archives Hatier
12-bg	ph © Mauritius / Photononstop
12-bd	ph © Karen Kasmauski / Corbis
13-1	ph © S. Cordier / Biosphoto
13-2	ph © J-L. Klein & M-L. Hubert / Biosphoto
13-3	ph © M. Colbeck / OSF / Biosphoto
13-4	ph © M. Cordano / OSF / Biosphoto
13-5	ph © J-L. Klein & M-L. Hubert / Biosphoto
13-6	ph © D. Massemin / Biosphoto
13-7	ph © B. Borrell / Biosphoto
13-8	ph © J-M. Labat / Biosphoto
14-hg	ph © M. Watson / GPL / Biosphoto
14-hd	ph © D. Bringard / Biosphoto
14-bg	ph © J-M. Labat / Biosphoto
14-bd	ph © J-M. Labat & Y. Lanceau / Biosphoto
15-hg	ph © D. Bringard / Biosphoto
15-hm	ph © NouN / Biosphoto
15-hd	ph © H. Lenain / Biosphoto
15-mg	ph © J-M. Labat & Y. Lanceau / Biosphoto
15-mm	ph © M. Watson / GPL / Biosphoto
15-md	ph © J-M. Labat / Biosphoto
15-bg	ph © D. Delfino / Biosphoto
15-bm	ph © BBC Magazines Ltd / GAP / Biosphoto
15-bd	ph © J-Y. Grospas / Biosphoto
17-hd	ph © J. Héras / Biosphoto
17-hm	ph © J-L. Klein & M-L. Hubert / Biosphoto
17-hg	ph © F. Desmette / Wildlife Pictures / Biosphoto
17-bg	ph © F. Cahez / Biosphoto
17-bm	ph © F. Fève / Biosphoto
17-bd	ph © Rémy Courseaux / Biosphoto
18	ph © D. La Monaca / Tips / Photononstop
19-g	ph © Antenna / Getty-Images
19-m	ph © Papon / Presse Sports
19-d	ph © K. Ota / AFP
20-1	ph © Archives Hatier
20-2	ph © L. Reebs / Biosphoto
20-3	ph © T. Williams / Getty-Images
20-4	ph © Archives Hatier
20-5	ph © Skapiou / Green Eye / Biosphoto
20-6	ph © NouN / Biosphoto
21-1	ph © R. Dirscherl / Visuals Unlimited / Getty-Images
21-2	ph © Imagewerks / Getty-Images
21-3	ph © Archives Hatier
21-4	ph © Instamatics / iStockphoto
21-5	ph © L. Reebs / Biosphoto
24-1	ph © Sandra Ramirez / Corbis
24-2	ph © www.guyane.sante.gouv.fr
27	ph © Archives Hatier
28-hg	ph © Magnoos / Dreamstime.com
28-hd	ph © Ilbusca / iStockphoto
28-mg	ph © S. Cordier / Biosphoto
28-md	ph © J-L. Klein & M-L. Hubert / Biosphoto
28-bg	ph © M. Watson / GPL / Biosphoto
28-bm	ph © J-M. Labat / Biosphoto
28-bd	ph © J-M. Labat & Y. Lanceau / Biosphoto
32-hg	ph © alasdair Thomson / iStockphoto
32-hm	ph © Carlos Gawronski / iStockphoto
32-hd	ph © Lunanaranja / iStockphoto
32-mg	ph © Pixinoo / iStockphoto
32-bg	ph © Youssouf Cader / iStockphoto
32-bmg	ph © Pepifoto / iStockphoto
32-bmd	ph © Jrme Salort / Fotolia
32-bd	ph © Notorious91 / iStockphoto
33	ph © F. Hanoteau / Archives Hatier
36	ph © F. Hanoteau / Archives Hatier
37	ph © Eliza Henderson / iStockphoto
38-hd	ph © F. Hanoteau / Archives Hatier
38-hg	ph © F. Hanoteau / Archives Hatier
38-m	ph © Alasdair Thomson / iStockphoto
38-bg	ph © F. Hanoteau / Archives Hatier
38-bd	ph © Fuse / Getty Images
40-hg	ph © mediaphotos / iStockphoto
40-hd	ph © narvikk / iStockphoto
40-m	doc. JeuJura
40-b	ph © F. Hanoteau
42, 43	ph © F. Hanoteau
46-bg	ph © F. Hanoteau / Archives Hatier
46-bd	ph © Daniel Sanchez Blasco / iStockphoto
47	ph © F. Hanoteau
48-g	ph © F. Hanoteau / Archives Hatier
48-d	ph © F. Hanoteau
49	ph © F. Hanoteau
50	ph © F. Hanoteau / Archives Hatier
54-hg	ph © mediaphoto / iStockphoto
54-hd	ph © Cultura / Image Source / BSIP
58-hg	ph © Michel Gaillard / REA
58-hd	ph © Shank-ali / iStockphoto
58-bg	ph © Aliaksei Luskin / 123rf
58-bd	ph © Shank-ali / iStockphoto
59	ph © F. Hanoteau

Suivi éditorial : Fabienne Hélou

Principe maquette : Massimo Miola

Maquette : Sophie Duclos

Mise en pages : Dany Mourain

Illustrations : Sophie Beaujard

Iconographie : Hatier Illustration

Achevé d'imprimer en France par Loire Offset Titoulet. Dépôt légal n°99898-0/02 - août 2016.